Novena em Louvor do
Santíssimo Sacramento

PE. Fernando dos Reis de Melo,
S.S.S.

Novena em Louvor do Santíssimo Sacramento

Petrópolis

© 1978, Editora Vozes Ltda.
Rua Frei Luís, 100
25689-900 Petrópolis, RJ
www.vozes.com.br
Brasil

32ª edição, 2015.

8ª reimpressão, 2024.

Todos os direitos reservados. Nenhuma parte desta obra poderá ser reproduzida ou transmitida por qualquer forma e/ou quaisquer meios (eletrônico ou mecânico, incluindo fotocópia e gravação) ou arquivada em qualquer sistema ou banco de dados sem permissão escrita da editora.

CONSELHO EDITORIAL

Diretor
Volney J. Berkenbrock

Editores
Aline dos Santos Carneiro
Edrian Josué Pasini
Marilac Loraine Oleniki
Welder Lancieri Marchini

Conselheiros
Elói Dionísio Piva
Francisco Morás
Gilberto Gonçalves Garcia
Ludovico Garmus
Teobaldo Heidemann

Secretário executivo
Leonardo A.R.T. dos Santos

PRODUÇÃO EDITORIAL

Aline L.R. de Barros
Marcelo Telles
Mirela de Oliveira
Natália França
Otaviano M. Cunha
Priscilla A.F. Alves
Rafael de Oliveira
Samuel Rezende
Vanessa Luz
Verônica M. Guedes

Diagramação: AG.SR Desenv. Gráfico
Capa: Omar Santos

ISBN 978-85-326-0312-8

Este livro foi composto e impresso pela Editora Vozes Ltda.

"Ninguém ainda suplicou ou se recomendou ao SSmo. Sacramento sem receber a graça impetrada"

(S. Pedro Julião Eymard).

Prólogo
Leia, ao menos, uma vez

Esta "Novena em Louvor do Santíssimo Sacramento" é uma oração insistente na fé; uma oração que espera com confiança, humildade e perseverança; uma oração que tem uma eficácia de impetração inegável, pois se apoia na bondade e no poder de Deus, a quem tudo é possível, e, além disso, tem as promessas categóricas de Cristo que nos afirma: Pedi e se vos dará. Buscai e achareis. Batei e vos será aberto. Porque todo aquele que pede, recebe. Quem busca, acha. A quem bate, abrir-se-á (Mt 7,7-8).

Quanto ao problema das curas pela oração, notemos o seguinte: Sendo Deus o criador e o conservador da ordem natural e da graça, e, controlando com a sua providência todos os acontecimentos angélicos, humanos e cósmicos, ele, normalmente, atende às nossas preces, servindo-se de processos ou meios naturais, como, por exemplo, despertando as forças curativas do nosso próprio organismo, fazendo-nos encontrar um médico oportuno e um tratamento acertado.

Em certos casos, porém, por motivos realmente sérios, Ele intervém milagrosamente. Temos disso provas nas Escrituras Santas que nos relatam muitas curas prodigiosas de enfermos (cf. Lc 4,40; 5,12-14; 6,6-10 etc.).

As curas extraordinárias e medicamente comprovadas que Deus tem realizado em Lourdes e Fátima, em favor de certos enfermos, são um testemunho inconteste do poder da oração.

Consta biblicamente que certas doenças podem ser causadas – obtida a permissão divina – por atuação diabólica (cf. Mt 12, 22-29; Mc 9,17-27; Lc 13,10-17). A cura dessas enfermidades será conseguida, não por meios naturais, mas pela oração e pelo exorcismo: Esta espécie de demônios não se pode expulsar senão pela oração (Mc 9,29).

IMPORTANTE: para evitar possíveis e lamentáveis equívocos de autossugestão nas doenças de gravidade, o enfermo que, pela oração desta Novena, recobrou a saúde e nada mais sente de seus males passados, por motivo da prudência cristã, procure o seu médico de confiança ou um especialista de seu caso, e obtenha, deste modo, da ciência médica uma confirmação abalizada da sua cura total.

Apraz-me aqui citar esta sábia exortação bíblica: **Meu filho, se estiveres doente, não te descuides de ti, mas ora ao Senhor que te curará. Afasta-te do pecado, reergue as mãos e purifica o teu coração de todo pecado... Em seguida dá lugar ao médico, pois ele foi criado por Deus** (Ecl 38,9-12).

Pe. Fernando dos Reis de Melo, S.S.S.

Orações iniciais
(para cada dia da Novena)

/ De joelhos /
Em nome do Pai † e do Filho e do Espírito Santo. Amém.

Tão sublime Sacramento
Adoremos neste Altar:
Pois o Antigo Testamento
Deu ao Novo o seu lugar;
Venha a fé, por suplemento,
Os sentidos completar.

Ao eterno Pai cantemos,
E a Jesus o Salvador;
Ao Espírito exaltemos,
Na Trindade eterno Amor;
Ao Deus Uno e Trino demos
A alegria do louvor. Amém.
– Do céu lhes destes o Pão,
– Que contém todo o sabor.

Oração

Deus, que neste admirável Sacramento nos deixastes o memorial da vossa Paixão: concedei-nos tal veneração pelos sagrados mistérios do vosso Corpo e do vosso Sangue, que experimentemos sempre em nós a sua eficácia redentora. Vós que sois Deus, com o Pai, na unidade do Espírito Santo. Amém[1].

– Ó Jesus, bendito sejais, agora e sempre, no Sacramento da Eucaristia.

---

[1]. Tradução oficial em português da concessão 59 do Enchiridion indugentiarum (1968). A Igreja concede iIndulgência parcial" ao fiel que recitar piedosamente as orações acima. A indulgência será "plenária" na Quinta-feira Santa e na festa do Corpo de Deus, se tal recitação for solene.

– Sois o Pão vivo descido do céu, o Deus conosco, e maná de cada dia.

Senhor meu Jesus Cristo, eu vos adoro com toda a fé de minh'alma e me prostro humildemente diante de vossa adorável presença.

Creio e professo, com inteira fé e grande amor, que vós sois o nosso Deus e o nosso Salvador e que estais verdadeira, real e substancialmente presente na Hóstia Consagrada, com o vosso Corpo e Sangue, Alma e Divindade, de maneira altíssima e misteriosa, mas tão perfeita e integralmente como estais no céu.

Ó "meu Senhor e meu Deus" (Jo 20,28), eu vos louvo e agradeço por todos os vossos benefícios, pois "na Última Ceia, na noite em que fostes traído, instituístes o Sacrifício Eucarístico do vosso Corpo e do vosso Sangue, para perpetuar o Sacrifício da Cruz através dos séculos, até a vossa vinda, deixando deste modo, à Igreja, vossa dileta Esposa, o Memorial da vossa morte e ressurreição: sacramento de piedade, sinal de unidade, vínculo de caridade, banquete pascal em que a nossa alma se enche de graça e nos é dado o penhor da glória futura"[2]. Amém.

---

2. Cf. Constituição Sacrosanctum Concilium sobre a Sagrada Liturgia, n. 47.AAS.56 (1964), p. 113.

Petição especial da novena

Ó bom Jesus! Vós dissestes: "Qualquer coisa que me pedirdes, em meu nome, vo-lo farei" (Jo 14,14).

Atendei-me pois – Senhor – segundo a vossa palavra e alegrai-me com os vossos benefícios.

Com toda confiança, mas com grande ansiedade – vos suplico e rogo pelos merecimentos de vossa paixão e morte de cruz: pelo vosso suor de sangue no Monte das Oliveiras, pela flagelação desapiedada que sofrestes, por vosso preciosíssimo sangue derramado na coroação de espinhos, por vossa sagrada face que ficou tão desfigurada por causa de nossos pecados, pelas chagas de vossas mãos e pés traspassados de grossos pregos, por vossa agonia no alto do patíbulo, pela entrega confiante de vosso espírito nas mãos do Pai celeste, pelo vosso coração aberto pela lança do soldado e também pelo vosso triunfo sobre a morte, o demônio e o pecado; concedei-me, com a maior urgência possível, este seguinte favor...

(Faz-se aqui a petição especial da Novena.)

Desde já – Senhor – vos rendo antecipadamente graças pela mercê que hei de conseguir de quem tudo pode e é a suma bondade. Vós que sois Deus com o Pai na unidade do Espírito Santo. Amém.

Textos bíblicos de meditação
(para cada dia da Novena)

1º dia

* Evangelho de São João (6,27-29)

"Trabalhai, não (só) pela comida que perece, mas pela que dura para a vida eterna, que o Filho do Homem vos dará. Pois nele Deus Pai imprimiu o seu sinal. Perguntaram-lhe (os judeus):

– Que faremos para praticar as obras de Deus?

– Respondeu-lhes Jesus: "A obra de Deus é esta: que creiais naquele que ele enviou".

Nota: Os Textos Bíblicos foram extraídos da Bíblia "Ave Maria".

2º dia

* EVANGELHO DE SÃO JOÃO (6,30-34)

(Perguntaram-lhe os judeus):

– Que milagre fazes tu, para que o vejamos e creiamos em ti? Qual é a tua obra?

Nossos pais comeram o maná no deserto, segundo o que está escrito: "Deu-lhes a comer o pão vindo do céu" (Sl 77,24).

– Jesus respondeu-lhes: "Em verdade, em verdade vos digo: Moisés não vos deu o pão do céu, mas meu Pai é quem vos dá o verdadeiro pão do céu: porque o pão de Deus é o pão que desce do céu e dá vida ao mundo".

– Disseram-lhe: "Senhor, dá-nos sempre desse pão!"

3º dia

* EVANGELHO DE SÃO JOÃO (6,35.40.51)

"Eu sou o pão da vida: aquele que vem a mim não terá fome, e aquele que crê em mim jamais terá sede..."

"Esta é a vontade de meu Pai: que todo aquele que vê o Filho e nele crê, tenha a vida eterna; e eu o ressuscitarei no último dia..."

"Eu sou o pão vivo que desci do céu. Quem comer deste pão viverá eternamente. E o pão, que hei de dar, é a minha carne para a salvação do mundo".

4º dia

* EVANGELHO DE SÃO JOÃO (6,52-56)

"Os judeus começaram a discutir, dizendo: "Como pode este Homem dar-nos a comer a sua carne?"

– Então Jesus lhes disse: "Em verdade, em verdade vos digo: Se não comerdes a carne do Filho do Homem, e não beberdes o seu sangue, não tereis a vida em vós mesmos. Quem come a minha carne e bebe o meu sangue tem a vida eterna; e eu o ressuscitarei no último dia. Pois a minha carne é verdadeiramente uma comida e o meu sangue é verdadeiramente uma bebida".

5º dia

* EVANGELHO DE SÃO JOÃO (6,60-69)

Muitos dos seus discípulos, ouvindo-o, disseram: "isto é muito duro. Quem o pode admitir?"

Sabendo Jesus que os discípulos murmuravam por isso, perguntou-lhes: "Isto vos repugna? Que será, quando virdes subir o Filho do Homem para onde ele estava antes?... O espírito é que vivifica, a carne de nada serve. As palavras que vos tenho dito são espírito e vida. Mas há alguns de vós que não creem... Por isso vos disse: Ninguém pode vir a mim, se por meu Pai não lho for concedido". Desde então muitos de seus discípulos se retiraram e já não andavam com ele. Então Jesus perguntou aos Doze: "Quereis também vós retirar-vos?"

Respondeu-lhe Simão Pedro: "Senhor, a quem iríamos nós? Tu tens as palavras de vida eterna. E nós cremos e sabemos que tu és o Santo de Deus!"

6º dia

* Evangelho de São Lucas (22,7-21)

Raiou o dia dos pães sem fermento, em que se devia imolar a Páscoa. Jesus enviou Pedro e João, dizendo: "Ide e preparai-nos a ceia da Páscoa..."

Chegada que foi a hora, Jesus pôs-se à mesa, e com ele os apóstolos. Disse-lhes: "Tenho desejado ardentemente comer convosco esta Páscoa antes de sofrer..."

Tomou em seguida o pão e depois de ter dado graças, partiu-o e deu-o a eles, dizendo: "Isto é o meu corpo que é dado por vós; fazei isto em memória de mim".

Do mesmo modo tomou também o cálice, depois de cear, dizendo: "Este cálice é a nova aliança em meu Sangue, que é derramado por vós..."

7º dia

* 1ª Carta de São Paulo aos Coríntios (10,20-21 e 11,26-29)

"Eu não quero que tenhais comunhão com os demônios. Não podeis beber ao mesmo tempo o cálice do Senhor e o cálice dos demônios. Não podeis participar ao mesmo tempo da mesa do Senhor e da mesa dos demônios...

Portanto, todo aquele que comer o pão e beber o cálice do Senhor indignamente, será culpável do Corpo e do Sangue do Senhor. Que cada um se examine a si mesmo, e assim coma deste pão e beba deste cálice. Aquele que come e bebe sem distinguir, come e bebe a sua própria condenação".

8º dia

* EVANGELHO DE SÃO MARCOS (6,53-56)

"Navegaram para o outro lado, e chegaram à região de Genesaré, onde aportaram. Assim que saíram da barca, o povo o reconheceu.

Percorrendo toda aquela região, começaram a levar, em leitos, os que padeciam algum mal, para o lugar onde ouviam dizer que ele se encontrava. Onde quer que ele entrasse, fosse nas aldeias ou nos povoados, ou nas cidades, punham os enfermos nas ruas e pediam-lhe que os deixasse tocar ao menos na orla de suas vestes. E todos os que tocavam em Jesus ficavam sãos".

9º dia

EVANGELHO DE SÃO LUCAS (9,12; 10,1.17-20)

"Reunindo Jesus os doze Apóstolos, deu-lhes o poder e autoridade sobre todos os demônios, e para curar enfermidades. Enviou-os a pregar o Reino de Deus e a curar os enfermos...

Designou o Senhor ainda setenta e dois outros discípulos e mandou-os, dois a dois, adiante de si, por todas as cidades e lugares para onde ele tinha de ir...

(Missão cumprida), voltaram alegres os setenta e dois, dizendo: "Senhor, até os demônios se nos submetem em teu nome!" Jesus disse-lhes: Vi Satanás cair do céu como um raio. Eis que vos dei poder para pisar serpentes, escorpiões e todo o poder do inimigo. Contudo, não vos alegreis porque os espíritos vos estão sujeitos, mas alegrai-vos de que vossos nomes estejam escritos nos céus".

ORAÇÕES FINAIS
(para cada dia da Novena)

Hino

Deus de amor, nós te adoramos
neste Sacramento,
Corpo e Sangue que fizeste nosso alimento.
És o Deus escondido, vivo e vencedor,
A teus pés depositamos todo o nosso amor.

Meus pecados redimiste sobre a tua cruz,
Com teu Corpo e com teu Sangue,
ó Senhor Jesus! Sobre os nossos altares,
Vítima sem par, Teu divino Sacrifício
queres renovar.

No Calvário se escondia tua divindade. Mas
aqui também se esconde tua humanidade;
Creio em ambas e peço, como o bom ladrão,
No teu Reino eternamente, tua salvação.

Creio em ti ressuscitado, mais que São
Tomé. Mas aumenta na minh'alma o
poder da fé.
Guarda a minha esperança, cresce o
meu amor.
Creio em ti ressuscitado, meu Deus
e Senhor!

Ó Jesus, que nesta vida pela fé eu vejo,
Realiza – eu te suplico – este meu desejo:
Ver-te, enfim, face a face, meu divino amigo,
Lá no céu, eternamente, ser feliz contigo*.

* CONTRA O MALIGNO

Ó Jesus, Filho de Deus, o mais forte
que venceste o forte, o dragão e seus anjos; vós que, por amor de nós homens e de
nossa salvação, permaneceis conosco, dia
e noite, no Sacramento da Eucaristia; ex-
tingui e anulai, conforme for preciso – com

---

* Este hino é uma paráfrase do "Adoro Te Devote", letra
do Fe. Josmar Braga. Cf. Fichas Pastorais C 1.

vossa ordem e bênção – toda espécie de perseguição e atuação diabólica: em mim e na casa em que habito, em meus familiares e amigos, em meus pertences e empreendimentos, nos demais homens e suas coisas. Vós que sois Deus com o Pai na unidade do Espírito Santo. Amém.

* PARA PEDIR SAÚDE (Para si)

Curai – Redentor nosso –, pela graça do Espírito Santo, as enfermidades que sofro. Libertai-me de meus males, perdoai-me os pecados e expulsai de mim tudo aquilo que me aflige tanto no espírito como no corpo.

Devolvei-me – por vossa misericórdia – a saúde, tanto no interior como no exterior, a fim de que, restabelecido(a) por vossa bondade, possa retomar os meus trabalhos habituais. Vós que sois Deus com o Pai na unidade do Espírito Santo. Amém*.

(Para outrem)

Peço-vos também – Senhor – pela saúde do corpo e da alma de N...

(*Dizer aqui o nome da pessoa enferma*)

Libertai-o(a) de todos os males para louvor de vossa grande glória, a fim de que ele(ela) restabelecido(a) vos renda ações de graças na vossa santa Assembleia. Amém.

* Nossa Senhora do Santíssimo Sacramento, mãe e modelo dos adoradores de Jesus, rogai por nós.

* São Miguel Arcanjo, rogai por nós.

* São José, castíssimo Esposo da sempre Virgem Maria e Pai adotivo do Verbo Encarnado, rogai por nós.

---

* Oração extraída do Ritual em português com notáveis adaptações.

São Pedro Julião Eymard, apóstolo da adoração perpétua a Jesus Sacramentado, rogai por nós.

Santos Anjos da Guarda, nossos guias e protetores de toda hora, rogai por nós.

(Pai-nosso. Ave-Maria. Glória-ao-Pai)

– FIM –

ORAÇÕES FACULTATIVAS
(Para casos especiais)

* CONTRA A EMBRIAGUEZ
E O ABUSO DOS ENTORPECENTES
(Para si)

Jesus, meu Senhor, eis-me aqui uma pessoa escravizada pelo vício da embriaguez (do abuso dos entorpecentes). Reconheço meu erro e sei que sou um escândalo para meus familiares, amigos e vizinhos. Quero me corrigir e viver, doravante, de maneira sóbria. Ajudai-me – Senhor – com o poder de vossa divina graça. Vós que sois bom com o Pai na unidade do Espírito Santo. Amém.

* (Para outrem)

* Jesus, que nunca desprezais a quem recorre a vós com confiança, pelo amor que tendes a vosso Pai do céu, libertai a N...

(Faz-se aqui menção da pessoa viciada) do detestável vício da embriaguez (do abuso dos entorpecentes) que o(a) torna um ser embrutecido, irresponsável e escandaloso.

Tende piedade dele(dela) – Senhor – e dai-lhe a força de vossa maravilhosa graça para que – quebrados os laços de tão funesta escravidão, ele (ela) cante na vossa presença um hino de vitória e de gratidão. Vós que sois bom com o Pai na unidade do Espírito Santo. Amém.

CONTRA O FUMO (Para si)

Jesus, nosso modelo de perfeição e nossa força! Eu contraí o vício do fumo e sei que ele me faz tanto mal à saúde, sendo esta um precioso dom de vossa bondade. Quero deixar este mau hábito, mas sinto minha fraqueza e pusilanimidade. Ajudai-me – Senhor. Vós que sois bom com o Pai na unidade do Espírito Santo. Amém.

SÉRIA ADVERTÊNCIA DA SAGRADA ESCRITURA

"Não se ache no meio de ti quem se dê à adivinhação, à astrologia, aos agouros, ao feiticismo, à magia, ao espiritismo... ou à evocação dos mortos, porque o Senhor, teu Deus, abomina aqueles que se dão a essas práticas" (Dt 18,10-12).

NOTA

O que Deus proíbe é "a evocação dos mortos", isto é, querer provocar por meios mecânicos ou mágicos (hipnose, uso do copo, das letras do alfabeto, escritura automática etc.) a comunicação de uma entidade do além (alma desencarnada, anjo ou demônio).

A "invocação dos santos" não está proibida e nós a fazemos na Igreja Católica, quando rezamos: Nossa Senhora Aparecida, rogai por nós; S. Pedro, rogai por nós etc.

Quando uma comunicação do além (alma desencarnada, anjo bom ou mau) é espontânea (não provocada), é permitida por Deus. Receber tal comunicação não constitui nenhum pecado.

(Cf. Lc 1,26-38; Mt 4,1-11; Mt 17,1-4)